Un exilio voluntario

Cubierta: Calle del Tránsito de Santa María (Oviedo). *Banco de imágenes.*

© *Editorial Difácil, 2025*
editorial.difacil@gmail.com
www.difacil.com
I.S.B.N.: 978-84-10363-20-5
Depósito Legal: VA 500-2025

Imprime: Imedisa

Impreso en España

LAUREN GARCÍA

Un exilio voluntario

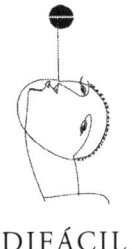

DIFÁCIL

A los que huyen en soledad

La poesía es esa silla
donde sentarme ante el poniente

BLAS DE OTERO

Yo hablo en nombre de un astro por nadie conocido
Hablo en una lengua mojada en mares no nacidos
Con una voz llena de eclipses y distancias
Solemne como un combate de estrellas o galeras lejanas

VICENTE HUIDOBRO

EL CALENDARIO MADRUGADOR DEL LUNES

Soy un hombre derrotado por una metáfora.
Llevo el ala de una paloma muerta
en una ruinosa acera,
el tatuaje de una historia
en la frondosidad del alma.
La pluma copula con tinta embriagadora.
El silencio justifica vidas y renuncias.
Dejadme estar solo con las palabras.
Nunca pretendí reprender al viento.
Nunca abatí una gaviota.
Nunca quise ver un águila de piedra.
El sueño de ayer fue
la canción china que trataba sobre una niña
que recogía flores
entonada por otra niña;
el poema recatado
que se inmiscuyó en la parquedad de la sala
donde chocó tu codo contra el mío;
las cúpulas que acarician el otoño
en sublime perfección geométrica;
el cuadro que te mostró
la crueldad y generosidad de los violines
que condensaron la tarde,

tus cejas abriéndose al mundo…
Necesitamos mirar la belleza
hasta que se nos sangren los ojos.
Suena el despertador
y vuelvo a ser un trapecista
sobre esta cuerda floja,
del café de la desgana,
Después del malogrado exceso
llega esta responsabilidad,
de saludar   calurosamente
a mi portero
en el portal reluciente,
en la probabilidad
de alcanzar un equilibro.
Parten los viajantes hacia lejanos destinos.
Vuelan las alfombras de los sueños.
Tú desayunas olvidando mi ansia.
Pacto con el calendario cárdeno.
Abomino de derrotas y malos espíritus.
Abrazo este primer día
como Blas de Otero buscaba a Dios.
Me reconozco en el hombre
que se pierde
y desaparece en los caminos,
en el que se va
y se proyecta sobre el mapa

delineando el futuro
próximo de una fuga.
La partida hacia donde los cántaros
pierden el agua, estanca el día.
Los estudiantes entran al colegio
con un amor resguardado
que no conoce la rutina.
Vuelan los bellos cabellos
de las muchachas,
lisos como la bondad natural de la juventud.
Parece que llueve siempre tras el domingo.
Ahora lo hace, recordándonos el orgullo
de los soportales,
las caricias que trenza la penumbra,
escuchando el dictado del cielo,
con el que nunca estuvimos de acuerdo.
La ciudad es una catedral asustada,
una mañana rota espirando.
Los paraguas se rompen,
se olvidan,
o nos esperan a la entrada de un bar,
vigilando expectante
la puerta, como tú anteanoche.
Olvidé una pluma
en aquel bar
de miradas repentinas y conversaciones azarosas.

Alguien escribe allí
versos que se deslindan
de toda pérdida
y bebe la inminencia irrebatible
de un beso.
Mujer de mis adentros
eres esperma de otro planeta,
la curva del Kilimanjaro,
piel suave de los tambores,
erupción lunar del último día del fin del mundo.
Paseo contigo admirado por la última luz
de las bibliotecas,
la que se posa sobre las copas de los árboles
en el indeclinable otoño,
cuando los universitarios caminan a casa
entre confusas conversaciones
y tú cierras el libro,
y en las calles rizadas
empieza a plancharse el silencio.
Un hombre se cobija de la tormenta
apoyado en un árbol.
Ha visto rayos
partiendo el futuro,
al hombre acechar al hombre
en la oscuridad vacilante.

Ha visto cómo se perdían muchos amores bajo las copas
y florecer el resguardo de las promesas.

Pide el beneplácito del caminante,
del que ha visto muchas cosechas.

No se rinden cuentas a la lluvia.

EL VIAJE APROPIADO DEL MARTES

Sueño con el viaje,
con tomar té aromático y exótico
en países desconocidos,
rodeado de mujeres
que llevan la mirada desencajada.
Sueño con París anocheciendo
tras una chanson dulce,
con la Fontana de Trevi
tras tus atrevidas pupilas.
Sueño con aviones
que tardan en aterrizar,
con México limando la ternura
a golpes de tequila,
con el mar de Cuba
invadiendo la estática tarde.
Sueño con los aviones
de alas rotas,
con los coches de maleteros clandestinos
y la motocicleta derrapando ante la muerte,
pero estoy en una ciudad,
de arcaico nombre,
y me reclama
como una pordiosera enfermedad.

Me da su frío
y la lástima del olvido.
La catedral siempre está vacía
y las calles garabateadas de piedra.
En el mercado los hombres
se confían a los números
y a la siempre desdeñada humanidad.
Estimado escritor herido:
si la providencia de Dios no te escucha,
ni una fe de creyente basta por sí
para consolarte,
si el dolor aprieta como una quijada
y todo está sucio menos el cuchillo,
escribe cincelando la hoja
que cayó del árbol primigenio.
La mirada inextinguible
de la rosa no exige ofrenda
en el nido de las palabras
de la huella sigilosa del aire.
Navega con la vela
que endereza tu alma.
Navega y nunca pidas
el perdón de un porqué.
Mide el tiempo
en el abrazo de lo que amas.
Ama escuchando el murmullo de la justicia.

Viaja con ojos incrédulos a un lejano país.
Desecha las familias mentecatas.
Desprecia los elogios
de los que no leen,
de los que no sienten
el faro de unos ojos.
Escribe como un bebedor experto,
con la furia del superviviente.
Lo decía el profesor enojado:
«Aprieta bien el bolígrafo».
Y aquella tensión en la mano
nos condujo a remotos lugares,
al ígneo sentimiento,
a estar impertérritamente vivos,
denostando el tiempo presente,
dentro de un zafiro por descubrir.
Nos sentimos plenos los días de tormenta,
más allá del olvido de los tejados.
Desvanecidos sueños
izaron nuestra bandera
cuando creímos en la gloria del vencido.
Laurel y vino siempre sobre la vieja mesa.
Un libro reposando en el sacramento inconfesable.
Escribir siempre en el cruel y feliz terremoto
de los sentidos.
Fracasar siempre.

Fracasar para resarcirse.
Amigo, poeta,
la idea refunda el paraíso, revolotea,
rózala sólo para embellecerla.
Verdad intocable
que no puede mutarse en humo.
La idea es una pintada imborrable
al paso de un tren.
Cada carretera tiene su canción,
su sílaba veloz sobre la acera,
el repecho de una melodía hacia
las regiones que se erigieron entre la niebla,
el gris despertar del olvido
mientras el alma vibra
y deposita las flores
de los bordes del camino
sobre la afinada lira
Fracasar para resarcirse.
Llega la noche.
Leo a los poetas
que me ofrecieron su mundo.
Los poetas se revuelven orgullosos,
muertos, por mi biblioteca.
Encarnan el aire presente
desde el privilegio de la palabra
que impide la ciénaga,
cercenan el dolor

de este tiempo presente.
Me entrego a sus ojos proféticos.
Desde mi ventana
se ve el monte.
Yo vine a pelearme con las mareas.
a esperarte haciendo
nudos marineros,
a contradecir todos los trazados
de la cartografía,
a palpar con viveza las algas,
a cantar con las caracolas
en los amaneceres rotos.
Ninguna luna derribó tu plenitud.
Ningún sol te ató a tus rayos.
Eres hija del celo de la tormenta.
Nevaba sobre los chopos.
La nieve fue contigo
antojo de la noche.
Nadie como tú
consuela el letargo de las estrellas.
Te pregunté, como Bécquer:
«¿Qué es la poesía?»
Tú te volviste,
sin disimulo y decidida,
sopesando gloria y derrota:
«Nada hay más bello que desnudarse.»

Ángel de cabellos transparentes
que ha visto agonizar el dolor
de las últimas heridas.
Recuerdas esa juventud
de perfectas formas,
y el olor milimétrico de los tulipanes.
Buscas la plenitud
de un sacro paraíso
que ninguna religión anunciaba.
Siéntate en mis rodillas
y dime que no hay nada más temible
que una sonrisa.
La gota eterna y fría
que sacudía el grifo en el verano.
Una nota en la nevera,
que no era un recado
sino un poema de amor
que corría por los mercados
y dominaba los trazados de la ciudad.
El hogar y mi alma
sólo quieren saber tu temperatura.
Riego las macetas y me aseguro
de que ver crecer las flores en verano
era tu vestido ceñido
proclamando el delirio de la yedra.
La rosa se hacía más solitaria

y dejaba abril atrás.
Nadie sabe cómo subió el piano a casa,
cómo no se rompió la cuerda
de la rasgada guitarra.

Te me apareces en el día desprevenido
cuando los pájaros trinan alevosos
en mi ventana
y recogen migas de pan
que mis manos desmenuzaron.
Vuela tu blusa azul
aceptando el calor,
exhalando las bonanzas del mar.
Posas como quien dio libertad al cielo,
los viejos arcos en tu silueta enaltecida,
y el momento conmovedor
que no recogen los relojes,
en el que se derriban las murallas.

EL CAFÉ DE LA TEMPLANZA DEL MIÉRCOLES

Tú sabes, como yo,
que las verdaderas canciones de amor
no suenan en bodas ni en aniversarios.
ni en la boca de las personas huecas.
Son orujo de brujería,
seda de madrugada,
hojas barridas por un niño.
Nadie las encargó, llegaron
como una desapegada llama.
Nada hay más literario
que tú desnuda, junto a la ventana,
mientras la calle se viste de nieve.
En tu mirada perdida
arraiga la hermosura
con la que sueña el silencio.
Tu cuerpo no es piadoso,
abrasa la mirada
con un gemido ancestral.
Susurro donde se bebe la inocencia de la muerte;
mi mano agitada,
nerviosa en plúmbea derrota.
Expectación inconsciente que recorre
un derroche de sangre, vino, whisky,

Ginebra, cerveza y sidra entonando la boca
resabiada del alma.
Todo lo que no pedí al cielo,
el desazón pronunciado
cuando no encuentro el verso.
Caminando en el lado adverso de la vida
mis pies garabateaban
rimas desprendidas,
arropaba aquel viento al que maldijo
el primer navegante.
Se enderezaba la barca
que sólo sostenía la gaviota.
Y cada teoría era una debacle
ante la tragedia.
Se anticipa el éxodo desbaratado de mi poema.
Un café contigo:
ese gorgoteo de las palabras
que no se sienten solas;
el tintineo más sutil
de una cucharilla
removiendo las muecas de la tarde;
un sorbo a tiempo en tus ojos.
Pasan transeúntes hacia el trabajo,
las infamias del mundo en la televisión silenciada,
el efímero momento en que me resguardo en ti
cuando paralizas el universo.

Hombres trajeados
dan con desgana los buenos días,
mientras las camareras
les corresponden con amabilidad.
La gente se pierde, vaga y vana,
en el centro de la ciudad.
Vuelvo al barrio
y escucho el bandoneón de tus ojos.
Algo hay de *road movie* en todo esto.
La brisa del verano
sobre la furia de tu melena.
Hay en tus ojos una luz fúlgida
que se detiene en los semáforos.
En tus piernas va la felicidad incandescente
y perdida,
y tus manos acarician con diligencia de grumete
el volante.
El barco en el que no me importaría hundirme.
Me gusta cuando camino a mi paso,
el viento mueve mi ropa
y las ramas tiemblan
bajo las aves que buscan el mar.
Los transeúntes se apartan,
cabizbajos de felicidad añorada:
es cuando la estación eriza tus sentidos,
mientras pasas ladeando la cabeza

y en tu sombrero vibra la vida.
Crecer las flores en verano
con tu vestido ceñido
que proclama la yedra.
La rosa se hacía más solitaria
y abandonaba abril.
Permaneció la huella del primer hombre.
Espera, si quieres, a tu príncipe azul
con chalet de alfombra persa
y deportivo flamante.
Juega con él a la bolsa
tasando la inteligencia.
Yo, a lo sumo, sobreviviré
alimentando calderos de brujas,
en el paseo interminable
de los perros vagabundos.
Quizás calme tempestades
en un folio en blanco,
o vea cómo alguien llora sobre su café.
Probablemente esté con los estibadores
que sujetan este mundo.
Observa con admiración a los viejos guerreros.
Ama la estampa florida
que perduró en el tiempo.
Míralos desdiciendo toda ley de vida.
Míralos barriendo los estupores de la urbe,

clamando en los columpios de los parques,
conduciendo los autobuses de los últimos barrios.
Observa a los viejos guerreros,
bajo las farolas, que propiciaron un techo.
Nosotros reverenciamos
los instintos prehistóricos.
Somos dioses paganos
plegados al vino más turbio,
al laurel que envuelve la sequedad de la palabra.
Virtud desnuda
que recoge el ánima encendida.
El mandato de unos huesos rasgados.
Repetiré las mismas ideas hasta la saciedad.
Declamaré versos con voz ronca y enojada.
Beberé la uva sagaz
que endiosó algunos nombres de mujer,
con la ira con que agito la mano de los dioses.
Maldeciré el dolor
en la verja de los sueños.
Donde chirría y revienta la luz
está mi tumba.

LA IMPROVISACIÓN SOSTENIDA DEL JUEVES

Pienso en que los viejos
guardan ruiseñores en sus bolsillos.
Ah, y en el tiempo
con su arco
dispuesto a lanzarnos.
Llévame en el sonido
de la radio entrecortada
en las calles desaparecidas
donde se colapsa la pasión.
Llévame a las fábricas abandonadas,
a los bares que perdieron la licencia,
a las rulas donde nadie duerme,
al barrio que quisiste
volver a construir.
Llévame donde muta esta ciudad
en la hora en que vuelves a casa.
Dime que el dolor
es venganza y olvido.
Háblame de la justicia
de ver pasar los días
con la palabra
acribillando la espalda,
de la justicia de algunos versos

que recordaremos
cuando se recoja la luz.
Cántame, tengo ganas de volver a fumar
y de tomar otra vez ron.
Cántame las canciones que me dispusieron
mi traje de marinero.
Busca, joven poeta,
un pseudónimo
que no halague a la muerte.
un nombre que solamente reconozcan
los amantes que se solazan al alba.
Frente a la realidad circunscrita
a cenas circunspectas el fin de semana,
esposo de la desidia
y con un hijo al que reprender,
escojo unir los cristales
descompuestos de la vida,
tu sonrisa tras el cristal de la copa,
los ánimos de un amigo
sometiendo a los pliegues la quietud,
o una visión duradera
que envalentone al corazón,
a tu mismo corazón
cuando decide por mí.
Podría estar un día entero pensando en ti,
conversar con los pájaros que se posan en las cañerías,

dejar los periódicos semiabiertos en los bares,
y discutir con el camarero
sobre marcas de cerveza.
Ser el transeúnte
al que le gustan las pátinas de los edificios,
cambiar de vida y peluquero
y cantar cosas que repugnan,
arrojar las llaves
desde un campanario,
o elegir otro nombre en el Registro Civil.
Podría estar un día entero pensando en ti
e irme con la niebla al poblado
donde ni siquiera hay ausencia.
Pero el hombre renace
cuando escucha las campanas del tiempo.
El hombre renace
donde fracasa el mundo,
en los otoños,
en la tormenta.
Mi testamento es una estilográfica
que cinceló el verano en tus senos,
un fresco que rezumaba
el olor inigualable de la aurora,
las llaves de tu sincopado corazón
y una concha que nunca debió salir del mar.
Tras la travesía de la Odisea

o el desembarco de Itaca,
es media vida cumplida
manteniendo la esperanza de esas luces
que juzgan las calles,
los faroles que encendía el amor
en los últimos confines del muelle.
Primero nos llevamos la vida por delante,
luego escribimos sobre ella
recostados en la soledad de las sombras.
Las nieves del tiempo platean la sien
en la verdad del solitario.
Esa esperanza humilde
mueve ahora esta mano
con brillo de cúspide.
El viajero que huye
siempre está de regreso.
Un copo de ñieve roto en el aire.
Volver.
Sólo reclamo al cielo
que unos bellos versos
no sean deslucidos
por la estupidez de un vanidoso,
ni por la carcajada de un cretino.
Y el resto es literatura.
Desde el mirador de la mañana,
en el exilio voluntario,

se aprecia el amanecer.
Una vocal en el volcán de tu boca
es la república del viento.
Espérame en una esquina de la taberna
a la hora en que regresan los viajeros.
Vi perderse todas las banderas
en una sábana doblada sobre tu cuerpo,
te mecía un viento celestial,
aliento del rocío de la plata del amanecer
sobre un planeta
que sentía su peso.
Así que en un guasap
sé tan breve como la sangre te deje.
No seas amable.
En tus muslos
no hay cortesía.
Sé directa como el rayo
que nos alejó de las cumbres.
No me pidas reinos
de esmaltada gloria,
ni castillos con foso.
No solicites que administre la esencia
ni torres, palacios.
No puedo decir
que todo ha sido
la malgastada ansia de nuestras vidas.

Dejadme a solas con la noche.
Que mi alma sea, si alguien lo requiere,
el último reducto que me prestó la esperanza.
Pero no me digas que no siento.

LA CHISPA ORIGINARIA DEL VIERNES

Paseo por la calles del casco antiguo
que endurecieron mis huesos.
Promesas del sueño cumplido
en una noche que fue nuestra solicitud
al más allá.
Los arcos de los portales
siluetean besos
mientras veo llegar a los jóvenes
con su ansiada despreocupación
y su ánimo jocoso de sentarse sobre la tarde.
Ante un bar abandonado,
alguien escribió un graffiti:
«La felicidad no se traspasa».
Ella corre veloz y con celeridad
hasta que se detiene en su calle,
un poco más allá de las últimas farolas.
Una luz esquiva para esta ciudad.
Ella ha visto los gatos
hurgar en los cubos de basura,
tras un poema feroz.
Ella ha visto el fuego apacible
de los coches aparcados,
las voces que impactan

en los cristales de la taberna.
Al anochecer hay desheredados
que brillan sobre las aceras,
y han muerto muchos amantes
que no estaban pendientes del reloj.
Ella vive en la calle del amor,
cuando llega esa canción envolvente
posa sus pies
sobre las teclas de un piano.
Recojamos a los amigos
desperdigados por el camino,
como pétalos de nenúfar.
Mezclémoslo con alcohol
de alta graduación
y aromáticas hierbas silvestres.
Dejemos que la nostalgia consabida
lo agite.
Bebamos con la incontinencia
de un nómada que regresa donde
conoce las estrellas más brillantes.
Recuerda lo que vivimos
anclados en ellas.
Jóvenes de mirada eterna
que ven caballos salvajes
trotando en las últimas latitudes,
cuyas crines son proclives a la tormenta.

Dime que conociste la ebria esperanza,
que inesperadamente te introdujiste en su fragor,
que sentiste un tacto de miel
de las abejas que pugnaban por el aire,
que bebiste enconado y con los codos apretados
donde se congelaba la sangre.
Dime que amaste la ebria esperanza,
un cabello derramado sobre tu pecho,
el fulgor de una flor que se resistía a morir,
que las sirenas te convencieron más allá del mar
y no quisiste volver.
Dime que leíste un verso de júbilo
que no pertenecía a este mundo,
que escribiste sobre el vuelo del suicida,
que tiritaste en la lágrima de la luna
haciendo honor a la ebria esperanza.

EL FARO DEL AMANECER DEL SÁBADO

Tan anecdótica y desconcertante era su vida
como leer a un poeta clásico
con un cigarro de marihuana y un café,
una mañana de sábado cualquiera,
mientras el sol se posa sobre la mesa
y los paseantes son amantes ocasionales,
figuras entrecortadas que la calle barre.
Soy el farero que acaricia tus cabellos al amanecer
en la pérdida de sirenas,
cuando el náufrago siente
que el regreso es el único principio.
Soy el hombre
que tira el cigarrillo
antes de entrar en casa,
el que bebió el néctar divino
y no se conforma con la mediocridad.
La euforia, amiga del instante,
fue un vaso vacío de ron
impactando contra el suelo,
en la cáscara del deseo.
Fue coronar aquella montaña
prometiéndose la lejanía,
el beso que no fue de cortesía,

que se prolongó
en la bendición de las venas.
La euforia fue todo lo que fuimos
antes de despedirnos,
el diapasón de la memoria
hablando en voz alta y engolada,
todo lo que fuimos antes del naufragio:
un corazón desplazado de la tierra.
La euforia fue un arquear de cejas
sobre unos ojos despabilantes y desbordados,
las últimas moras del paraíso.
Bailas borracha y risueña
en un bar de madrugadas que hieren.
Cuando la luna reposa sobre tu pecho
eres atracción de dioses precavidos.
Eres rotación y traslación,
atención parsimoniosa
de las miradas de los trenes retrasados.
Y tu risa desgajada de bochornosa felicidad
desafía las miserias encofradas de esta ciudad.
La carcajada que avisa al frío de la noche,
que increpa a la calle desolada.
Sobre toda aquella piedra,
remota y venerable,
movimiento de intensa grandeza,
pasaban los gatos

asomando las colas entre las rejas,
orinaban los borrachos
entonando un salmo sin rendición;
y fornicaban los amantes
colapsando el deseo,
cuando el alba tampoco podía ser vista.
Negamos la puesta de sol
porque fuimos ocaso de luna,
la navaja que atravesó el oprobio.
Sinceros perdedores de lo que fue.
Me hablaban de ti
los camareros que te invitaban,
las farolas que se extinguían
en los estertores de la noche,
las palabras que cruzabas en un autobús de línea
un día desangelado.
Yo pensaba cambiar de ciudad
o ser tu amante.
Hoy me anticipo
a las ruinas que aquí se alzarán.
Amor, pídeme la última copa.
Te rogué que esta noche
fuese el vino rojo.
Me devolviste la sonrisa
y sacrificaste al Olimpo.
Adormile al tiempo

allís donde había una luz
en que el día se conmemoró pleno y libre.
Explícale ahora a los dioses caídos,
y a los hombres cabizbajos
que nunca ampararon la esperanza,
qué luz encienden tus ojos

.

LA ANOTACIÓN SIGILOSA DE UN DOMINGO

Un hombre bebe enérgicamente
una cerveza en un bar de mediodía.
Lleva, probablemente, la misma ropa de ayer,
un tatuaje casi borrado,
y prácticamente no abre unos ojos
que conocen el insomnio mortuorio
que tensó los cables de esta ciudad.
Pide una cerveza tras otra.
Los clientes lo miran con estupor,
él se abalanza sobre la mesa,
más de una partida le engulle el corazón.
Y enseña todo su dinero
para que el camarero le sirva otra ronda.
Todo lo que no nos hace sentir
está de más.
En este vermut de domingo
odio a los que no chocan el vaso al brindar,
el cristal intacto que no se regocija en el aire,
el silencio traidor que impide el estruendo.
Amo a los que derraman el vino
en los manteles recién estrenados.
Ayer levantar el vaso era sacudir el mundo.
Arengas que peinaban el abismo.

La vida decrépita y canosa
nos la tiene jurada en arameo.
Halaga ese perfume
ante la pasividad de los años.
Ama la irreverente fragancia
que nos convirtió carnalmente
en salvajes.
José Martí ofrecía su rosa al amigo
pura fraternal y liviana.
Hay quien la pinta
alzándose formidablemente en su ojal,
elevándose en roja plenitud
por encima de las páginas.
Otras la escriben, intacta,
en el deseo recóndito,
deshojada de pretensiones.
Yo prefiero verla
en la libre armonía de tu mano.
Quizás nos aguarde siempre
la gran ciudad
donde nos perdimos
en la fragrante noche,
o el inolvidable pueblo
donde nos hallamos
en golpe de caballo herido y atormentado.
¿No conoces ese sentimiento de pérdida

innato y tembloroso?
Extranjero sin reconciliación alguna.
Esta furia de patria indolente
que quiere liberar a los esclavos
de las direcciones únicas.
Observad la bandera engrandecida
de los años vividos.
Todo lo que se escribió
mientras nevaba en la aldea
y vomitaban sangre y gajos los solitarios
en medio de la borrachera,
esta extrañeza de ojos grandes,
este renegado al que sólo escucharon
el sol y la luna.
Hablemos del lenguaje de la pasión.
Abandonemos las cifras capitulares,
los dígitos mediocres.
Hablemos de la longitud interminable del templo,
del lecho donde tu cuerpo se entrevera de claveles.
Hablemos del lenguaje de la pasión,
de la cera que solamente arde.
Quizás alguien encuentre este cuaderno
en la celda más húmeda y desordenada.
Ahora abriéndose paso
en una calle sin tránsito,
a la hora en que permanece sólo la niebla,

rascando las paredes de un domingo
que todo y nada permite,
un taxi se pierde
en la ciudad
donde los fantasmas mueren.

ÍNDICE